INVENTAIRE
V 26,955

2733
Leg. 3.

26955

INSTRUCTIONS

SUR

LA MANIÈRE DE PRÉPARER

LA BOISSON DU THÉ,

PAR J.-G. HOUSSAYE.

A PARIS.

A la Porte Chinoise,

3, RUE DE LA BOURSE.

1839.

À la Porte Chinoise,

Rue de la Bourse, N° 3.

THÉS.	PORCELAINES.
SUCRES.	MARCHANDISES
CAFÉS.	DE L'INDE et
CHOCOLATS.	OBJETS D'ART.

GRAND ASSORTIMENT DE SERVICES DE TABLE ET DE DESSERT ; SERVICES A THÉ, PLATEAUX ET AUTRES OBJETS D'UTILITÉ ET DE FANTAISIE EN PORCELAINE ANGLAISE ET DE CHINE.

THÉS NOIRS.

	la liv.
SOUCHONG bonne qualité.	5 fr.
dito dito.	6
dito première qualité.	8
dito extra-fin.	10
CONGOU.	5
CAMPOY.	9
PADREA.	9

THÉS NOIRS.

la liv.

PÉKOE à pointes blanches. . . . . 12 fr.
   dito   extra-fin. . . . . . . 16 et 20
   dito   de caravane. . 30 et au dessus.
POUCHONG en paquet. . . . . de 5 à 6

THÉS VERTS.

HYSON ordinaire. 5
   dito   bonne qualité. 6
   dito   dito. 8
   dito   première qualité. . . . . . . 10 et 12
POUDRE A CANON. . . . . . . à 8, 10 et 12
IMPÉRIAL. . . . . à 8, 10 et 12
SCHOULANG. 15
   dito   de caravane. 24
   dito   extra-fin. . . . . . . 36 et 40
IMPÉRIAL de caravane. 18
   dito   dito. 24
POUDRE A CANON de caravane. 24

Nota. Le propriétaire de ce grand établissement de thés, par ses rapports directs avec la Chine, se trouve à même de fournir des thés *naturels* à des prix très-modérés ; ces thés ont de plus l'avantage de conserver leur arôme *pur* et sans être altéré, ne se trouvant en contact, dans les magasins, avec aucune autre espèce de marchandises dont ils puissent prendre le goût et l'odeur, ce dont le thé est très-susceptible.

LE THÉ.

L'usage du thé devient en France, de jour en jour, non plus une affaire de mode, mais un véritable besoin; c'est pourquoi je crois nécessaire d'indiquer au public le meilleur procédé pour préparer cette délicieuse boisson. La méthode que les Anglais et les Hollandais suivent est, à mon avis, préférable à toutes les autres, et c'est celle que je me propose ici de faire connaître. Plusieurs brochures ayant traité de la culture du thé et de sa nature, je me bornerai donc à expliquer la manière de l'infuser, et à indiquer les mélanges qui peuvent le rendre agréable au goût et salutaire à la santé.

Une longue résidence en Angleterre, et mes relations continuelles avec la Chine, m'ont mis à même d'acquérir la parfaite connaissance des diverses espèces de thé ; et j'ai pu m'instruire, jusque dans leurs moindres détails, des soins qu'apportent les Anglais à la préparation d'une boisson qui, pour eux, est le comfort du riche, la nourriture du pauvre, en état de santé comme en état de maladie.

Jadis en France on ne se servait de thé qu'en cas d'indigestion ; cet usage, long-temps exclusif, a fait contracter l'habitude de ne prendre, pour ainsi dire, que des thés verts. Mais, servi comme ment, le thé vert employé seul deviendrait très-nuisible en raison de sa force et de son activité; c'est pourquoi je conseille toujours de le mêler avec du thé noir, dans la proportion d'un tiers de vert sur deux tiers de noir, et même trois quarts; par exemple, pour former une livre de thé mélangé, prenez :

8 onc. Souchong (thé noir).
4 onc. Pekoe (dito).
4 onc. Hyson (thé vert).

Ce mélange produira une boisson nourrissante et agréable, au goût de ceux même qui n'ont pas l'habitude de prendre du thé.

Le thé dont on se sert habituellement pour le déjeûner doit être d'une autre sorte et d'un mélange différent de celui préparé pour le soir; et j'engage même les personnes qui en font usage deux fois par jour, de ne prendre le matin que du thé noir. Le souchong, par exemple, est un thé très-nourrissant, mais son parfum naturel se rapprochant un peu du vulnéraire suisse, il faut y ajouter un tiers ou un quart de pekoe à pointes blanches, et l'arôme de ce dernier, en corrigeant le goût du souchong, lui donnera une saveur très-agréable.

Je conseille aux personnes faibles ou relevant de maladie, et à celles dont les nerfs sont irritables, de ne prendre que du thé noir, soit du *campoy* ou du *pouchong* ; c'est ordinairement cette sorte de thé que les médecins en Angleterre ordonnent à leurs convalescents ; et dans les hôpitaux, où l'on ne fait usage ni de bouillon ni de gélatine, c'est le thé *souchong* que l'on donne comme tonique aux individus les plus délicats et les plus énervés.

On sait encore, à l'appui de cette assertion, que l'armée anglaise a ses rations de thé, comme nos soldats en France ont leurs distributions de vin.

J'observerai aussi que l'eau de Paris ne vaut peut-être pas celle de la Tamise; en raison de sa crudité, l'eau du ciel serait préférable comme étant beaucoup plus douce et plus propice au développement des feuilles et à l'infusion du thé.

Les thés importés par la Russie, et qu'on nomme thés de caravane, sont bien supérieurs en qualité à ceux que nous tirons directement de Canton; cette différence provient :

1° Du sol où on les récolte;

2° Du moyen de transport qu'on emploie et qui s'effectue directement par terre;

3° Du soin extrême qu'on apporte à

leur emballage : ces thés sont enfermés dans de petites boites doubles et triples recouvertes en peau ; tandis que ceux venant par la compagnie des Indes ou par nos vaisseaux, sont en caisses simples, doublées de plomb et enveloppées de nattes de jonc.

La récolte du thé se fait chaque année en trois fois différentes ; en conséquence, la première cueille est plus tendre et d'un parfum plus fin que la seconde, la seconde que la troisième, et successivement. Aussi est-ce par erreur qu'on se plaint souvent en France du concassement des thés, et de la poussière qu'on y trouve, car plus les thés sont fins et de première qualité, plus ils sont sujets à se mettre en poudre pendant le trajet. Aussi, en Angleterre comme en Hollande, où cette cause est bien connue, ces sortes de thés sont-elles fort recherchées. Par la même raison, toute la poussière de thé qui se débite en France, est généralement vendue pour la consommation des familles anglaises.

Le soin et l'excessive propreté que les Chinois mettent dans la manipulation du thé démontrent assez combien cette plante est susceptible de s'imprégner des moindres odeurs ; et je ne saurais trop recommander aux consommateurs d'éviter de mettre leur thé dans un endroit qui contiendrait des objets odoriférants, de quelque nature qu'ils puissent être, car le thé qu'on trouve dans les maisons d'épiceries, quoique souvent fort bon lorsqu'il entre en magasin, ne peut s'y conserver long-temps pur ; il se dénature par le voisinage des denrées de toutes sortes qui l'avoisinent.

Les seules boites propres à conserver le thé sont en plomb, ou doublées de plomb, et en ferblanc ; seulement, avant de se servir de ces dernières, il faut prendre le soin de les aromatiser, en y faisant infuser du thé, afin de leur ôter l'odeur que leur donne la thérébentine dont on se sert pour la soudure de ces boîtes.

MANIÈRE DE FAIRE LE THÉ.

On verse de l'eau bouillante dans la théière pour l'échauffer. Cette eau est jetée ensuite dans les tasses pour le même motif. Après avoir égouté la théière, on y met le thé mélangé comme l est ci-dessus indiqué. Une forte cuillerée à café fournit deux tasses d'infusion, si l'on en veut faire pour plusieurs personnes, mais si l'on n'a besoin que de deux tasses seulement, il faut une cuillerée pour chaque tasse.

Je suppose ici vouloir faire du thé

pour six personnes, dans une théière qui contiendra six tasses. Je mets six fortes cuillerées de thé dans la théière, je verse de l'eau bouillante dessus, seulement jusqu'au tiers du vase; je ferme la théière, et je laisse infuser pendant cinq minutes. Je remplis alors la théière jusqu'en haut, toujours avec de l'eau bouillante; je jette l'eau qui a servi à échauffer les tasses, dans lesquelles, après avoir mis du sucre, je verse l'infusion, en ayant soin de n'emplir les tasses qu'à moitié. Je comble de nouveau la théière avec de l'eau bouillante, et de cette nouvelle infusion j'achève de remplir les tasses. J'ajoute pour chaque tasse deux cuillerées à bouche de crême froide, ou le double de lait froid et sans avoir été bouilli; mais la crême est bien préférable. Enfin, je remplis encore la théière, qui cette fois s'est trouvée vide à peu près de moitié. Je la ferme. Le thé finit ainsi de s'infuser, tandis qu'on boit les premières tasses; et, pour le second tour, la théière se trouve contenir précisément les six tasses dont on a besoin. De cette manière, j'ai fait douze tasses d'infusion égales en force et en goût. Si l'on faisait du thé pour un plus grand nombre de personnes que la théière ne contiendrait de tasses, il faudrait épuiser entièrement l'infusion au premier tour, et lorsqu'il n'en resterait plus, mettre dans la théière à peu près la moitié du thé qu'on avait mis primitivement.

Il est nécessaire surtout que l'eau versée sur les feuilles sèches soit bouillante au plus haut degré, car de cette chaleur dépend la finesse du bouquet. Le thé préparé avec de l'eau chaude seulement ne se déroule point, et ne donne à l'infusion qu'une teinture légère et de goût et de couleur.

Cette précausion est d'ailleurs économique, car l'on comprendra facilement qu'il faut moins de thé pour obtenir une infusion forte avec de l'eau bouillante, qu'il n'en faudrait pour obtenir une infusion semblable avec de l'eau chaude seulement.

Les personnes qui se servent de bouilloires anglaises, dans lesquelles la chaleur est entretenue au moyen de charbon allumé ou d'un fer rouge, doivent avoir le soin de faire d'abord verser de l'eau bouillante dans la bouilloire, d'y introduire ensuite le fer rouge ou le charbon, et d'attendre quelques minutes avant de se servir de cette eau que le métal a refroidie, mais que le fer ou le charbon fait bientôt bouillir de nouveau.

Les personnes qui consomment habituellement du thé en France ignorent peut-être l'usage qu'elles peuvent faire de ce végétal après l'infusion.

En Angleterre, où tous les parquets sont couverts de tapis, ou recueille les feuilles de thé qui sortent de la théière, et quand elles sont à moitié séchées, on les sème sur le tapis avant de les balayer. Ces feuilles ainsi employées ont l'avantage, non-seulement d'empêcher la poussière de s'élever, mais de nettoyer et d'embellir les tapis dont elles enlèvent les taches en vivifiant les couleurs.

PARIS. — IMPRIMERIE DE E.-B. DELANCHY,
Faubourg Montmartre, n° 11.

www.ingramcontent.com/pod-product-compliance
Lightning Source LLC
Chambersburg PA
CBHW070538050426
42451CB00013B/3065